Impressum
Verlag: BABADADA GmbH, Nedderfeld 112 , 22529 Hamburg
Geschäftsführer / Verlagsleitung: Harald Hof
Druck: Books on Demand GmbH, In de Tarpen 42, 22848 Norderstedt

Imprint
Publisher: BABADADA GmbH, Nedderfeld 112 , 22529 Hamburg, Germany
Managing Director / Publishing direction: Harald Hof
Print: Books on Demand GmbH, In de Tarpen 42, 22848 Norderstedt, Germany

el aula
daree

dividir
hirii

186/2

la pizarra
gabatee

el maestro/a
barsiisaa

el patio
dallaa mana baruum

el papel
warqaa

escribir
barreessuu

el bolígrafo
qalama

el escritoria
minjaala

la regla
sarartuu

el libro
kitaaba

el alumn
barataa

la cartera

korojoo baattamu

la caja de lápices

teessoo irsaasii

el lápiz

irsaasii

el sacapuntas

qartuu irsaasii

la goma de borrar

haqxuu

el diccionario visual

kuusaa jechootaa mullataa

el cuaderno de dibujo

paadii fakkii

el dibujo

fakkii

el pincel

burusha halluu

la caja de pinturas

saanduqa halluu

las tijeras

maqasa

el pegamento

maxxansituu

el cuaderno de ejercicios

daftara

los deberes

hojii manaa

el número

lakkoofsa

sumar

ida'ii

restar

hir;isi

multiplicar

bay;isi

calcular

heerregii

la letra

xalayaa

el alfabeto

tarree qubee

la palabra

jecha

el texto

kitaaba barataa

leer

dubbisuu

la tiza

biroonkii

la lección

baruumsa

el cuaderno de notas

galmeessuu

el examen

qormaata

el certificado

raga barreeffamaa

el uniforme

uffata mana baruumsaa

la educación

barnoota

la enciclopedia

insaaykiloopeediyaa

la universidad

yuunivarstii

el microscopio

maaykiroos kooppii

el mapa

kaartaa

la papelera

qircaata gatoo

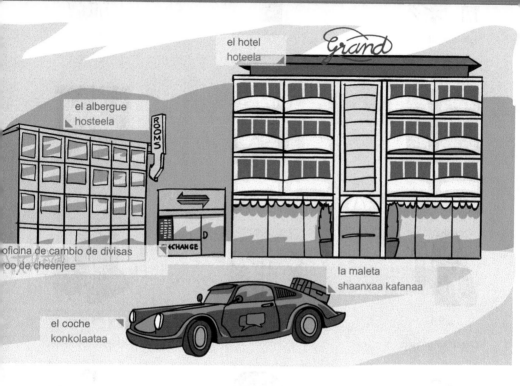

el hotel
hoteela

el albergue
hosteela

oficina de cambio de divisas
roo de cheenjee

la maleta
shaanxaa kafanaa

el coche
konkolaataa

el idioma

afaan

sí / no

eyyeen / mitii

Vale

haa ta'u

hola

heloo

el traductor

turjmaana

Gracias

galatoomaa

¿cuánto es…?

meeqa

No entiendo

naaf hingalle

el problema

rakkoo

¡Buenas tardes!

akkam ooltan

¡Buenos días!

akkam bultan?

¡Buenas noches!

halkan gaarii

adiós

nagaatti nagaatti

la dirección

kallattii

el equipaje

ba'aa imalaa

la bolsa

korojoo

la mochila

ba'aa dugdaa

el invitado

keessummaas

la habitación

kutaa

el saco de dormir

korojoo hirriibaa

la tienda de campaña

dukkaana

la información turística

odeeffannoo turistii

la playa

qarqara haroo

la tarjeta de crédito

kireedit kaardii

el desayuno

ciree

el almuerzo

laaqana

la cena

irbaata

el billete

tikkeetii

el ascensor

liiftii

el sello

chaappaa

la frontera

daangaa

la aduana

barmaatilee

la embajada

embaasii

la visa

viizaa

el pasaporte

paasspoortii

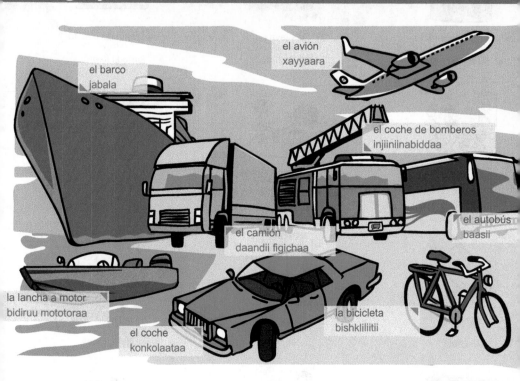

el avión
xayyaara

el barco
jabala

el coche de bomberos
injiiniinabiddaa

el autobús
baasii

el camión
daandii figichaa

la lancha a motor
bidiruu mototoraa

el coche
konkolaataa

la bicicleta
bishkliliitii

el transbordador

bidiruu deeddebii

la barca

bidiruu

la moto

doqdoqqee

el coche de policía

konkolaataa foolisaa

el coche de carreras

konkolaataa dorgommii

el coche de alquiler

konkolaataa kiraa

el préstamo de vehículos

konkolataa waliin gahuu

la grúa

marsaa boqqoonna

el camión de la basura

daandii dhorkaa

el motor

motora

la gasolina

boba'aa

la gasolinera

buufata boba'aa

la señal de tráfico

mallattoo tiraafikaa

el tráfico

tiraafika

el atasco

cuccufaa daandii
konkolaataa

el aparcamiento

dhaabbii konkolaataa

la estación de tren

buufata baburaa

las vías

konkolaataa guddaa

el tren

baabura

el tranvía

baabura eleektirikaa

el vagón

gaarii fardaa

el helicóptero

helikooftara

el aeropuerto

buufata xayyaaraa

la torre

qooxii

el pasajero

keessummaa

el contenedor

konteenara

la caja de cartón

kaartunii

la carretilla

gaarii

la cesta

qirccaata

despegar / aterrizar

barrisuu / qubachuu

la ciudad

magaalaa gudaa

el pueblo

araddaa

el centro de la ciudad

handhuura magaalaa

la casa

mana

el cine
sinimaas

el anuncio
dhaadhessuu

la farola
ibsaa daandii

la calle
godaanaa

el taxi
taksii

el quiosco
dukkaana Isnaakii

el peatón
lafoo

la acera
ba'iinsa

el semáforo
Ibsaatiraafikaa

el cruce
ceetoo

el paso de cebra
ceetoo zabraa

ontenedor de basura

la cabaña

godoo

el apartamento

diriiraa

la estación de tren

buufata baburaa

el ayuntamiento

galma magaalaa

el museo

muuziyeemii

la escuela

baruumsaa

la universidad

yuunivarstii

el banco

baankii

el hospital

hospitaala

el hotel

hoteela

la farmacia

mana qorichaa

la oficina

waajjira

la librería

dukkana kitaabaa

la tienda de campaña

dukkaana

la floristería

gurgurtuu abaabo

el supermercado

suppar maarkeetii

el mercado

gabaa

los grandes almacenes

kuusaa dame

la pescadería

kiyyeessituu qurxxummii

el centro comercial

giddu gala gabaa

el puerto

buufata galaanaa

el parque

paarkii

el banco

tessoo dalgee

el puente

riqica

las escaleras

sibsaabii

el metro

Lafa jala

el túnel

holqa

la parada de autobús

buufata konkolaataa

el bar

baarii

el restaurante

mana nyaataa

el buzón

saanduqa poostaa

el poste indicador

mallattoodaandii

el parquímetro

idoo dhaabbii konkolaataa

el zoo

dallaa beeladaa

la piscina

haroo daakkaa

la mezquita

masgiida

la granja

qonna

la contaminación

faalama

el cementerio

iddoo awwaalchaa

la iglesia

charchii

el patio de juego

dirree taphaa

el templo

siidaa

el paisaje
teechuma lafaa

la hoja
baala

la señal
maxxansa beeksiisaa

el camino
karaa

el prado
huruufa magariisa

la piedra
dhakaa

el excursionista
nama lafoo deemu

el árbol
muka

el río
laga

la hierba
mrga

la flor
abaaboo

el valle
sulula

la colina
tabba

el lago
hara

el bosque
bosona

el desierto
gammoojjii oo;aa

el volcán
dhooyinsalafaa

el castillo
masaraa

el arcoíris
sabbata waaqqaa

el champiñón
jaarsa marqoo

la palmera
muka teemiraa

el mosquito
bookee busaa

la mosca
balali'uu

la hormiga
mixii

la abeja
kanniisa

la araña
sarariitii

el escarabajo

boombii

la rana

hurrii

la ardilla

shikookkoo

el erizo

xaddee

la liebre

beelada illeentii fakkaatu

la lechuza

jajuu

el pájaro

simbira

el cisne

daakkiyyee

el jabalí

ifaannaa

el ciervo

godaa

el alce

godaa ameerikaatti argamu

la presa

riqicha

la turbina eólica

tarbaayinii buubbee

el panel solar

panaalii soolaarii

el clima

haala qilleensaa

el camarero
keessummeessaa

el menú
meenuu

la silla
teessoo

la sopa
saamunaa

la pizza
piizaa

la cubertería
katlarii

el mantel
uffata minjaalaa

el primer plato

calqabsiisaa

el plato principal

madda muummee

el postre

deezaartii

las bebidas

dhugaatii

la comida

nyaata

la botella

qaruuraa

la comida rápida

nyaata qophaa'aa

la comida callejera

nyaata karaa irraa

la tetera

markajii shaayii

el azucarero

qodaa shukkaaraa

la porción

uwwisa

la cafetera expreso

maashina espereessoo

la trona

teessoo ol ka'aa

la cuenta

nagahee

la bandeja

tirii

el cuchillo

hlbee

el tenedor

shuukkaa

la cuchara

fal'aana

la cucharilla

fal'aana shaayii

la servilleta

uffrata minjaala nyaataa

el vaso

burcuqqoo

el plato
....
diiriiraa

el plato hondo
....
teessoo saamunaa

el platillo
....
teessoo siinii

la salsa
....
sugoo

el salero
....
qodaa sooqiddaa

el molinillo de pimienta
....
daaktuu barbaree

el vinagre
....
hadhooftuu

el aceite
....
zayita

las especias
....
qimamii

el ketchup
....
kachappii

la mostaza
....
sanaafica

la mayonesa
....
maaynoneezii

la oferta especial
kenaa addaa

el cliente
maamila

los lácteos
oomish aannanii

el carro de compra
baabura eelektirikaa

la fruta
fuduraa

la carniceria

mana foonii

la panadería

tolchituu

pesar

ulfaatina safaruu

las verduras

kuduraa

la carne

foon

los alimentos congelados

nyaataqorraa

los fiambres

foon qorraa

las conservas

nyaata samsmaa

el detergente en polvo

oomoo

los dulces

mi'aawaa

productos de uso doméstico

oomisha meeshaa manaa

productos de limpieza

bu'aa qulqulleessuu

la vendedora

nama gurgurtaa

la caja de cartón

hanga

el cajero

qarshi qabduu

la lista de la compra

taree gabaa

el horario de atención al público

sa'aatii baniinsaas

la cartera

krojoo qarshii kan dhiiraa

la tarjeta de crédito

kireedit kaardii

la bolsa de plástico

korojoo

la bolsa de plástico

korojoo pilaastikaa

el agua

bishaan

el zumo

cuunfaa

la leche

aannani

la cola

kookii

el vino

wayinii

la cerveza

biiraa

el alcohol

alkoolii

el cacao

kookaa

el té

shaayii

el café

buna

el expreso

espereesso

el capuchino

kaappuchuunoo

el plátano

muuzii

la manzana

aappilii

la naranja

burtukaana

el melón

meeloonii

el limón

loomii

la zanahoria

kaarotii

el ajo

qullubbii adii

el bambú

leemmana

la cebolla

qullubbii

el champiñón

jaarsa marqoo

las avellanas

godoo

los fideos

gowwaa

las espagueti

ispaageetii

el arroz

ruuza

la ensalada

salaaxaa

las patatas fritas

chiipsii

las patatas fritas

moose affeelamaa

la pizza

piizaa

la hamburguesa

hmbargarii

el sándwich

saanduchii

el filete

kotaleetii

el jamón

foon booyyee kan luka
fuuiduraa

le salami

nyaata mi'eessituu fi
sooggiddan sukkummame

la salchicha

sausage

el pollo

lukuu

el asado

waaddii

el pescado

qurxummii

los copos de avena

bulluqa aajjaa

el muesli

masliis

los copos de maíz

fandishaa

la harina

daakuu

el cruasán

kiroosantii

el panecillo

daabboo-

el pan

daabboo

la tostada

dabboo oo'aa

las galletas

buskuuta

la mantequilla

dhadhaa

la cuajada

itittuu

el pastel

keekii

el huevo

buuphaa

el huevo frito

buuphaa affeelamaa

el queso

ayibii

el helado
....
aays kireemii

el azúcar
....
shukkaara

la miel
....
damma

la mermelada
....
marmaalaataa

la crema de turrón
....
chokkoleetii bittinnaa'aa

el curry
....
kuurii

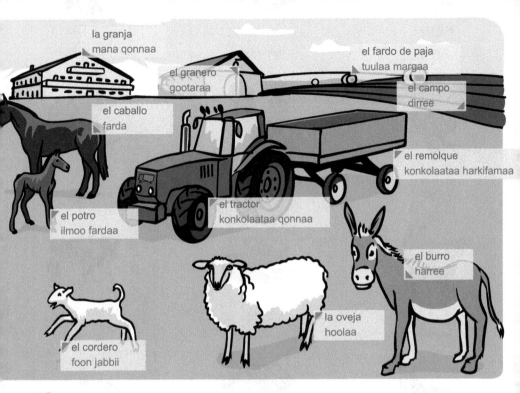

la granja
mana qonnaa

el granero
gootaraa

el fardo de paja
tuulaa margaa

el campo
dirree

el caballo
farda

el remolque
konkolaataa harkifamaa

el potro
ilmoo fardaa

el tractor
konkolaataa qonnaa

el burro
harree

el cordero
foon jabbii

la oveja
hoolaa

la cabra

ra'ee

la vaca

sa'a

el ternero

jabbilee

el cerdo

booyyee

el cerdito

ilmoo booyyee

el toro

korma

el ganso

ziyyee

el pato

daakkiyyee

el pollo

lukkuu

la gallina

lukkuu haadhoo

el gallo

lukkuu kormaa

la rata

hantuuta

el gato

adurree

el ratón

hantuuta goodaa

el buey

qotiyyoo

el perro

saree

la perrera

mana saree

la manguera

ujjummoo oddoo

la regadera

kan ittin bishaan obaasan

la guadaña

haamtuu dheeraa

el arado

qotuu

la hoz

haamtuu

la azada

gasoo

la horca

manshii

el hacha

qotoo

la carretilla

gaarii goommaa

el abrevadero

suluula

la lechera

meeshaa aannanii

el saco

keeshaa

la valla

dallaa

el establo

tasgabbii

el invernadero

mana biqiltuu

el suelo

biyyee

la semilla

sanyii

el fertilizador

dachee gabbistuu

la cosechadora

kmbaayinara haamaa

cosechar

haamuu

la cosecha

haamuu

el ñame

biqiltuu hundeen isaa
nyaatamu

el trigo

qamadii

el soja

sooy

la patata

moose

el maíz

boqqoolloo

la semilla de colza

raappii siidii

el árbol frutal

muka fudraa

la mandioca

kzaavaa

las cereales

midhaan biilaa

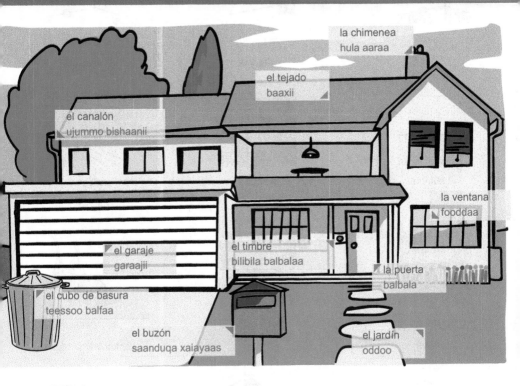

la chimenea
hula aaraa

el tejado
baaxii

el canalón
ujummo bishaanii

la ventana
fooddaa

el garaje
garaajii

el timbre
bilibila balbalaa

la puerta
balbala

el cubo de basura
teessoo balfaa

el buzón
saanduqa xalayaas

el jardín
oddoo

la sala

kutaa jireenyaa

el cuarto de baño

kutaa dhiqannaa

la cocina

mana bilcheessaa

el dormitorio

kutaa ciisichaa

la habitación de los niños

kutaa ijoollee

el comedor

kutaa nyaataa

el suelo

lafa

la pared

ededaa

el techo

baaxii

el sótano

seelaarii

la sauna

saawunaa

el balcón

baankoonii

la terraza

madaba

la piscina

puulii

el cortacésped

konkoolaataa haamaa

la sábana

ansoolaa

la colcha

uffata siree

la cama

siree

la escoba

hartuu

el balde

baaldii

el interruptor

cufuu

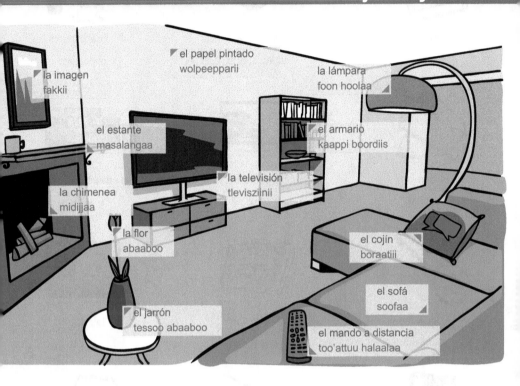

el papel pintado
wolpeepparii

la imagen
fakkii

la lámpara
foon hoolaa

el estante
masalangaa

el armario
kaappi boordiis

la televisión
tleviszíinii

la chimenea
midijjaa

la flor
abaaboo

el cojín
boraatiii

el sofá
soofaa

el jarrón
tessoo abaaboo

el mando a distancia
too'attuu halaalaa

la alfombra
afata

la cortina
golgaa

la mesa
minjaala

la silla
teessoo

el mecedora
teessoo rarra'aa

la butaca
teesoo ciqilffannaa

el libro
kitaaba

la manta
uffata qorraa

la decoración
midhagina

la leña
muka qoraanii

la película
fiilmii

el equipo de música
meeshaa

la llave
furtuu

el periódico
gaazexaa

la pintura
dibuu

el póster
barjaa

la radio
reedyoonii

el cuaderno
daftara yaadanoo

la aspiradora
meeshaa eeleektirikaa afata qulqulleessu

el cactus
laaftoo

la vela
dungoo

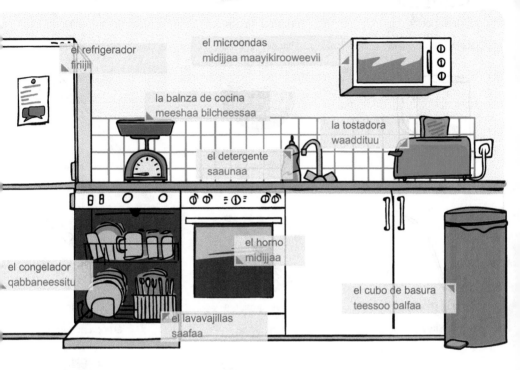

el refrigerador
firiijii

el microondas
midijjaa maayikirooweevii

la balnza de cocina
meeshaa bilcheessaa

la tostadora
waaddituu

el detergente
saaunaa

el horno
midijjaa

el congelador
qabbaneessituu

el cubo de basura
teessoo balfaa

el lavavajillas
saafaa

la olla a presión

bilcheesssituu

la olla

okkotee

la olla de hierro fundido

cast-iron pot

el wok

sataatee

la cazuela

waaddituu

el hervidor

markajii

la vaporera

jabala humna urkaa

la chapa de horno

tirii bilcheessaa

la vajilla

bantuu qaruuraa

la taza

geeba

el tazón

sayinaa

los palillos

dibata hidhii

el cucharón

cilfaa

la espumadera

shuukkaa

el batidor

areeda aduurree

el colador

dhimbiibduu

el cedazo

gingilchaa

el rallador

meeshaa farfartuu

el mortero

mooyyee

la barbacoa

waadii abiddaa

la hoguera

midijjaa

la tabla de picar
maktafiyaa

el rodillo
martuu

el sacacorchos
bantuu qaruuraa

la lata
danda'uu

el abrelatas
banuu danda'uu

el agarrador
teesoo okkotee

el lavabo
lixuu

el cepillo
buruushii

la esponja
ispoonjii

la batidora
meeshaa wallin makaa

el congelador
qabbaneessaa guddaa

el biberón
xuuxxoo

el grifo
ujjuummoo

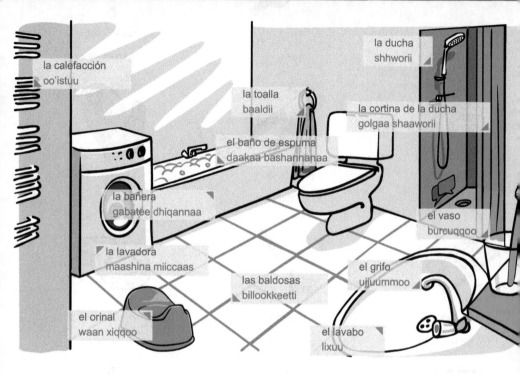

la calefacción
oo'istuu

la ducha
shhworii

la toalla
baaldii

la cortina de la ducha
golgaa shaaworii

el baño de espuma
daakaa bashannanaa

la bañera
gabatee dhiqannaa

el vaso
burcuqqoo

la lavadora
maashina miiccaas

las baldosas
billookkeetti

el grifo
ujjuummoo

el orinal
waan xiqqoo

el lavabo
lixuu

el inodoro

mana fincaanii

el inodoro rústico

mana fincaanii taa'e

el bidé

saafaa

el urinario

sahiinaa mana fincaanii

el papel higiénico

sooftii

la escobilla del váter

burusha mana fincaanii

el cepillo de dientes

buruushii ilkaanii

la pasta de dientes

saamunaa ilkaanii

el hilo dental

soqxuu ilkaanii

lavar

dhiquu

la ducha de mano

qaama dhiqannaa aadaa

la ducha íntima

kan dach

la pila

sulula

el cepillo de espalda

mana dhiqataa

el jabón

saamunaa

el gel de ducha

dibata dhiqannaa boodaa

el champú

shaampuu

la toallita

jejuu

el desagüe

gogsuu

la crema

kireemii

el desodorante

dodoraantii

el espejo
daawitii

el espejo de tocador
daawitii hrkaa

la maquinilla de afeitar
milaacii

la espuma de afeitar
dibata areedaas

la loción postafeitado
diibata areedaa

el peine
filaa

el cepillo
burusha

el secador
qoorsituu rifeensaa

la laca
hafuuftuu rifeensaa

el maquillaje
meekaappii

el pintalabios
lippistiikii

el pintauñas
qeessa muculiksituu

el algodón
jirbii

el cortauñas
murtuu qeessa

el perfume
shittoo

el estuche de viaje

korojoo dhiqannaa

la banqueta

gatteechuma

la balanza

iskeelii ulfaatinaa

el albornoz

uffata dhiqannaa

los guantes de goma

guwaantii pilaastikaa

el tampón

moodesii

la compresa

fooxaa qulquulinaa

el inodoro químico

keemikaala mana fincaanii

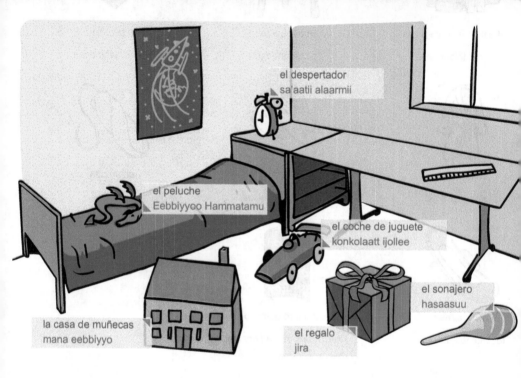

el despertador
sa'aatii alaarmii

el peluche
Eebbiyyoo Hammatamu

el coche de juguete
konkolaatt ijollee

el sonajero
hasaasuu

la casa de muñecas
mana eebbiyyo

el regalo
jira

el globo

baaloonii

la cama

siree

el coche de niño

gaarii daa'imaa

los naipes

Minjaala Kaardii

el puzle

akaafaa

el tebeo

kofalchiisaa

las piezas de lego

lego bricks

los bloques de juguete

dlookii ijaarsaa

la figura de acción

lakkofsa gochaa

el bodi (de bebé)

guddina daa'imaa

el frisbee

saahinaa taphaa

el colgador móvil para bebés

mobaayilii

el juego de mesa

gabatee taphaa

los dados

kuubii lakk. 1-6 qabu

el circuito de tren eléctrico

teessuma leenji'aa modeelaa

el maniquí

fakkii

la fiesta

afeerrii

el álbum de fotos

kitaaba fakii

la pelota

kubbaa

la muñeca

eebiyyoo

jugar

tapha

el cajón de arena

boolla cirrachaa

el columpio

hodhuu

los juguetes

eebbiyyoo

la videoconsola

konsoli tapha viidyoo

el triciclo

marsaa sadii

el oso de peluche

eebiyyo hammatamtu

la guardarropa

sanduqaa dhaabbii

la ropa

cuufinsa

los calcetines

kaalsii

las medias

istookingii

los leotardos

taayitii

la bufanda
guftaa

el cinturón
qabattoo

el paraguas
dibaaboo

la camiseta
qomee

las deportivas
leenjitoota

las botas
bidiruuwwan

las zapatillas
slipparii

las sandalias
....
kophee banaa

los zapatos
....
kophee

las botas de goma
....
bidiruu pilaastikaa

el slip
....
butaantaa

el sostén
....
harmaa

el chaleco
....
sadariyyaa

la ropa - cuufinsa

45

el bodi

qaama

los pantalones cortos

kofoo dheeraa

los vaqueros

jiinsii

la falda

dalgee

la blusa

shamiza

la camisa

shurraaba

el jersey

shurraaba

el suéter

haaguuggii jaakkeettii

el blazer

yuunifoormii

la chaqueta

jaakkeettii

el abrigo

kootii

la gabardina

kafana roobaa

el traje

barsuma

el vestido

wandaboo

el vestido de novia

kafana gaa'ilaa

| el traje | el camisón | el pijama |
| kafana guutuu | uffata halkanii | bijaamaa |

| el sati | el bandana | el turbante |
| wandaboo hindii | guftaa | marata |

| la burka | el caftán | la abaya |
| burqaa | jalabiyyaa | abaya |

| el traje de baño | el bañador | los pantalones cortos |
| kafana daakkaa | mudhii | kofoo gabaabaa |

| el chándal | el delantal | los guantes |
| kafanafgichaa | appiroonii | guwwaantii |

el botón

furtuu

las gafas

burcuqqoowwan

el brazalete

gumee

el collar

amartii

el anillo

qubeelaa

el pendiente

glii

la gorra

geeba

la percha

fanoo kootii

el sombrero

qoobii

la corbata

karbaata

la cremallera

ziippii

el casco

heelmeetii

los tirantes

collee

el uniforme

uffata mana baruumsaa

el uniforme

yuunifoormii

el babero
....
kafana gorooraa

el maniquí
....
fakkii

el pañal
....
naappii

la oficina
waajjira

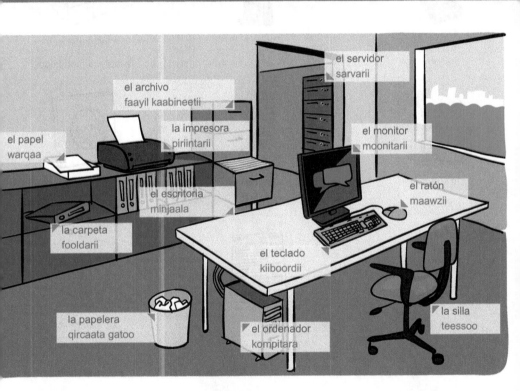

el servidor
sarvarii

el archivo
faayil kaabineetii

la impresora
piriintarii

el monitor
moonitarii

el papel
warqaa

el escritoria
minjaala

el ratón
maawzii

la carpeta
fooldarii

el teclado
kiiboordii

la papelera
qircaata gatoo

el ordenador
kompitara

la silla
teessoo

la taza de café
....
siinii bunaa

la calculadora
....
herregduu

el internet
....
intarneetii

el portátil

lab tooppii

la carta

xalaya

el mensaje

ergaa

el móvil

mobbyilii

la red

neetwoorkii

la fotocopiadora

maashina footokoppii

el software

sooft weerii

el teléfono

bilbila

la toma de corriente

sookkeetii suuqii

el fax

maashina faaksiis

el formulario

uunkaa

el documento

dookimantii

comprar
bituu

pagar
kafaluu

comerciar
daldaluu

el dinero
qarshii

USD

el dólar
doolaara

EUR

el euro
yuroou

JPY

el yen
yen

RUB

el rublo
ruubilii

CHF

el franco suizo
Farankaa swwiz

CNY

el renminbi yuan
yuwaanii reenmiinbii

INR

la rupia
ruuppee

el cajero automático
kaash pooyintii

la oficina de cambio de divisas

biiroo de cheenjee

el oro

warqee

la plata

meeta

el petróleo

zayita

la energía

human

el precio

gatii

el contrato

koontiraata

el impuesto

taaksii

la acción

shaqaxa

trabajar

hojjechuu

el empleador

qacaramaa

el empleador

qacaraa

la fábrica

faabrikaas

la tienda de campaña

dukkaana

el agente de policía
qondaala foolisii

el bombero
hojetaa balaa abiddaa

el cocinero
bilcheessituu

el médico
doktora

el piloto
paayileetii

el jardinero

waardiyyaa

el carpintero

ogeessa mukaa

la costurera

ooftuu jabalaa

el juez

abbaa seeraa

el farmacéutico

keemistii

el actor

ta'aa

el conductor de autobús

konkolaachisaa

el taxista

konkolaachisaataaksii

el pescador

qurxumii kiyyeessaa

la señora de la limpieza

qulqulleessituu

el techador

hojetaa baaxii

el camarero

keessummeessaa

el cazador

adamisituus

el pintor

halluu dibduu

el panadero

tolchituu

el electricista

elektrishaana

el obrero

ijaaraa

el ingeniero

injinara

el carnicero

mana foonii

el fontanero

hjjetaa ujummoo

el cartero

poostaa geessituu

el soldado

raayyaa

el arquitecto

arkteektii

el cajero

qarshi qabduu

el florista

abaaboo gurgurtuu

el peluquero

dabbasaa murtuu

el revisor

kondaaktara

el mecánico

makaanika

el capitán

kaappiteenii

el dentista

hakiima ilkee

el científico

saayntiistii

el rabino

rabbi

el imán

imaama

el monje

moloskee

el sacerdote

luba

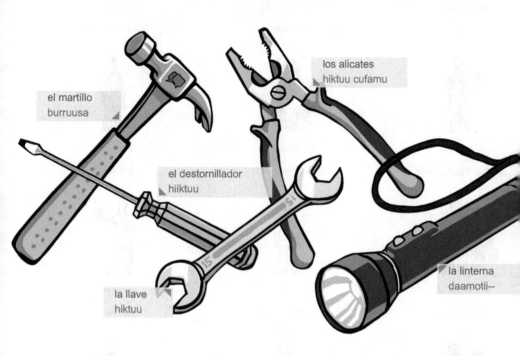

el martillo
burruusa

los alicates
hiktuu cufamu

el destornillador
hiiktuu

la llave
hiktuu

la linterna
daamotii--

la excavadora
gasoo

la caja de herramientas
saanduqa meeshhalee

la escalera de mano
kortoo

la sierra
magaazii

los clavos
bismaara

el taladro
diriilii

reparar
suphuu

la pala
akaafaa

¡Maldita sea!
dhaabi

el recogedor
gataa balfaa

el bote de pintura
qodaa haalluu

los tornillos
hiktuu

los instrumentos musicales
meeshaalee muuziqaa

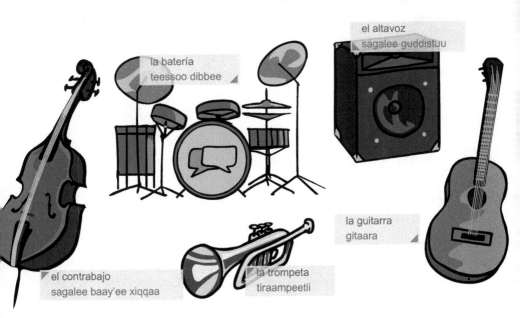

el altavoz
sagalee guddistuu

la batería
teessoo dibbee

la guitarra
gitaara

el contrabajo
sagalee baay'ee xiqqaa

la trompeta
tiraampeetii

el piano

piyaanoo

el violín

vaayoolinii

bajo

sagalee xiqqaa

los timbales

timpaanii

el tambor

dibbee

el teclado

kiiboordii

el saxofón

saaksi foona

la flauta

ulullee

el micrófono

may craafoona

la entrada
seensa

el tigre
qeerreensa

la jaula
garondoo

la cebra
hare diidoo

el pienso
soorata beeladaa

el panda
paandaa

los animales

beeladoota

el elefante

arba

el canguro

kaangaaroo

el rinoceronte

warseesa

el gorila

jaldeessa guddaa

el oso

godaa

el camello

gala

el avestruz

guchii

el león

leenca

el mono

jaldeessa

el flamingo

fiilaamingoo

el loro

simbira dubbattu

el oso polar

diibii poolarii

el pingüino

peengyuunii

el tiburón

shaarkii

el pavo real

piikookii

la serpiente

bofa

el cocodrilo

qocaa

el guardián de zoológico

eegaa zoo

la foca

chaappaa

el jaguar

sanyii qeerensaa

el poni

farda gabaabduu

el leopardo

sanyii qeerrensaa

el hipopótamo

roobii

la jirafa

sattaawwaa

el águila

culullee

el jabalí

ifaannaa

el pescado

qurxummii

la tortuga

qocaa galaanaa

la morsa

beelada bishaan keessaa

el zorro

sardiida

la gacela

godaa

el fútbol americano
kubbaa miilaa ameerikaa

el ciclismo
dargmmii bishkilileettaa

el tenis
teenisa

el baloncesto
kubba kaachoo

la natación
bishaan daakkaa

el boxeo
aboottoo

el hockey sobre hielo
sigigoo cabbie

el fútbol

kubbaa miilaa

el bádminton

baadmentanii

el atletismo

atileetii

el balonmano

kubba harkaa

el esquí

skiing

el polo

pooloo

saltar
utaalcha

reír
kolfa

abrazar
hammachuu

caminar
deemuu

cantar
sirbuu

soñar
abjuu

rezar
kadhannaa

besar
dhungoo

escribir

barreessuu

dibujar

fakkii kaasuu

mostrar

agrsiisuu

empujar

dhiibuu

dar

kennuu

tomar

fudhachuu

tener
qabaachuu

hacer
gochuu

ser
ta'uu

estar de pie
dhaabbachuu

correr
kaachuu

tirar
harkisuu

tirar
darbachuu

caer
kufuu

yacer
soba

esperar
eeguu

llevar
baachuus

estar sentado
taa'uu

vestirse
uffachuu

dormir
rafuu

despertar
dammaquu

mirar

ilaaluu

llorar

iyyuu

acariciar

dhiibbaa dhiigaa

peinar

filuu

hablar

haasa'uu

entender

hubachuu

preguntar

gaafachuu

escuchar

dhggeeffachuu

beber

dhuguu

comer

nyaachuu

ordenar

ol kaasuu

amar

jaalala

cocinar

bilcheessuus

conducir

oofuu

volar

barrisuu

navegar

jabalan

calcular

heerregii

leer

dubbisuu

aprender

baruumsa

trabajar

hojjechuu

casarse

fuudha

coser

hodhuu

cepillarse los dientes

ilkaan rigachuu

matar

ajjeecha

fumar

xuuxuu

enviar

erguu

araa haadhaa

el abuelo
akaakayyuu karaa abbaa

el padre
abbaa

la madre
haadha

el bebé
daa'ima

la hija
intala durbaa

el hijo
ilma dhiiraa

el invitado

keessummaas

la tía

adaadaa

el tío

eessuma

el hermano

obboleessa

la hermana

obboleettii

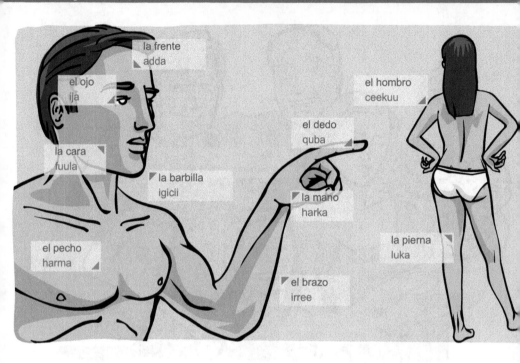

la frente
adda

el ojo
ija

el hombro
ceekuu

el dedo
quba

la cara
fuula

la barbilla
igicii

la mano
harka

el pecho
harma

la pierna
luka

el brazo
irree

el bebé

daa'ima

el hombre

nama

la mujer

dubartii

la chica

durba

el chico

mucaa

la cabeza

mataa

la espalda
duuba

el vientre
godhami

el ombligo
belly button

el dedo del pie
qubq miilaa

el talón
koomee

el hueso
lafee

la cadera
dirra

la rodilla
jilba

el codo
ciqilee

la nariz
fuunyaan

el trasero
jala

la piel
gogaa

la mejilla
boqoo

el oído
gurra

el labio
hidhii

la boca

afaan

el diente

ilkee

la lengua

arraba

el cerebro

sammuu

el corazón

onnee

el músculo

fon irree

el pulmón

somba

el hígado

tiruu

el estómago

garaacha

los riñones

kaleewwan

el sexo

wal qunnamitii saalaa

el condón

kondomii

el ovario

buphaa dubartii

el semen

mi'oo

el embarazo

ulfa

la menstruación
laguu ji'aa

la vagina
buqushaa

el pene
tuffee

la ceja
laboobbaa ijaa

el pelo
rifeensa

el cuello
morma

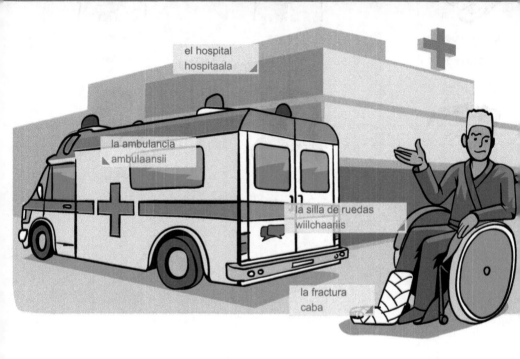

el hospital
hospitaala

la ambulancia
ambulaansii

la silla de ruedas
wiilchaariis

la fractura
caba

el médico

doktora

la sala de urgencias

kutaa hatattamaa

la enfermera

narsii

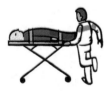

la urgencia

hatattama

inconsciente

kan hin dammaqin

el dolor

dhukkubbii

la lesión
miidhhaa

la hemorragia
dhiiguu

el infarto
dhukkuba onnee

el ictus
baay'ina dhiigaa

la alergia
hooqxoo

la tos
qufaa

la fiebre
oo'aa qaamaa

la gripe
qufaa

la diarrea
baasaa

el dolor de cabeza
bowoo mataa

el cáncer
kaansarii

la diabetes
dhibee sukkaaraa

el cirujano
baqaqsanii hodhuu

el bisturí
halbee

la operación
hojii

TAC
CT

los rayos x
raajii

el ultrasonido
aaltraasaawandii

la mascarilla
haguuggii fuuiaa

la enfermedad
dhukkuba

la sala de espera
kutaa haar galfii

la muleta
hirkannaa

la tirita
pilaastara

la venda
baandeejii

la inyección
limmoo waraanuu

el estetoscopio
isteetskooppi

la camilla
siree dhukkubsataa

el termómetro
termoo meetira klinikaa

el nacimiento
dhaloota

el sobrepeso
ulfaatinaa ol

el audífono

gargaaraa dhageettii

el desinfectante

qoricha aramaa

la infección

miidhama keessaa

el virus

vaayirasa

VIH / SIDA

ECH AAIVII / EEDSII

la medicina

qoricha

la vacunación

talaallii

las tabletas

kiniinii

la pastilla

kiniinii

la llamada de urgencia

waamicha hatattamaa

el tensiómetro

too'attuu dhiibbaa dhiigaa

enfermo / sano

dhukkuba / fayyaa

¡Socorro!

gargaarsa!

la alarma

alaarmiis

el asalto

weerara

el ataque

miidhuu

el peligro

suukaneessaa

la salida de emergencia

baha hatattamaa

¡Fuego!

abidda

el extintor de incendios

abidda dhaamisituu

el accidente

balaa

el botiquín de primeros
auxilios

saanduqa gargaasa
calqabaa

SOS

Sii'oosii

la policía

foolisii

Europa

awurooppaa

Norteamérica

ameerikaa kabaa

Sudamérica

ameerikaa kibbaa

África

afrikaa

Asia

eesiyaa

Australia

awustraaliyaa

el atlántico

atilaantik

el Pacífico

paasfiik

el Océano Índico

galaana hindii

el Océano Antártico

galaana antaartikaa

el Océano Ártico

galaana arkitiik

el polo norte

polii kaabaa

el polo sur
polii kibbaa

La Antártida
antaartikaa

la tierra
dachee

la tierra
dachee

el mar
garba

la isla
odola

la nación
lammii

el estado
kutt biyyaa

la esfera

clock face

la manecilla de las horas

sa'aatii kana

el minutero

daqiiqaa kana

el segundero

moofaa

¿Qué hora es?

yeroon meeqa ta'ee?

el día

guyyaa

el tiempo

yeroo

ahora

amma

el reloj digital

sa'aatii diiskoo

el minuto

daqiiqaa

la hora

sa'aatii

la semana

torbee

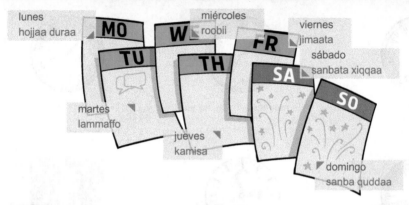

lunes
hojjaa duraa

martes
lammaffo

miércoles
roobii

jueves
kamisa

viernes
jimaata

sábado
sanbata xiqqaa

domingo
sanba quddaa

ayer

kaleessa

hoy

har'a

mañana

boru

la mañana

ganama

el mediodía

guyyaa qixxee

la tarde

galgala

los días laborables

guyyaa hojii

el fin de semana

dhuma forbee

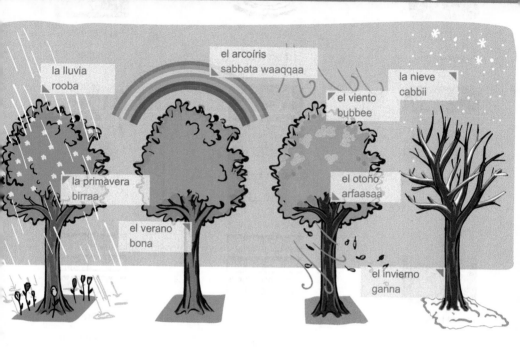

la lluvia
rooba

el arcoíris
sabbata waaqqaa

la nieve
cabbii

el viento
bubbee

la primavera
birraa

el otoño
arfaasaa

el verano
bona

el invierno
ganna

el pronóstico del tiempo

raaga haala qileensaa

el termómetro

teermoomeetirii

el sol

baha aduu

la nube

duumessa

la niebla

hurii

la humedad

jiidha

el rayo

bakakkaa

el trueno

balaqqee

la tormenta

dirrisa

el granizo

cabbii

el monzón

monsoon

la inundación

lolaa

el hielo

cabbie

enero

Amajjii

febrero

Gurraandhala

marzo

Bitootessa

abril

Eebila

mayo

Caamsaa

junio

Waxabajji

julio

Adooleessa

agosto

Hagayya

el año - waggaa

septiembre
....
Fulbaana

octubre
....
Onkololeessa

noviembre
....
Sadaasa

diciembre
....
Muddee

el círculo
....
geengoo

el cuadrado
....
isqeerii

el rectángulo
....
rog arfee

el triángulo
....
rg sadee

la esfera
....
molaalee

el cubo
....
kuubii

blanco

adii

amarillo

boora

anaranjado

keelloo

rosa

boorilee

rojo

diimaa

morado

bunnii

azul

cuqliisa

verde

magariisa

marrón

magaala

gris

bulee

negro

gurraacha

mucho / poco

baay'ee / xiqqoo

enojado / tranquilo

aara / gammachuu

bonito / feo

bareeda / fokkuu

principio / fin

calqaba / xumuura

grande / pequeño

guddaa / xiqqaa

claro / oscuro

ifa / dukkana

el hermano / la hermana

obboleessa / obboleettii

limpio / sucio

qulqulluu / xurii

completo / incompleto

xumuuramaa / kan hin xumuuramin

el día / la noche

guyyaa / halkan

muerto / vivo

du'aa / jiraa

ancho / estrecho

bal'aa / dhiphaa

comestible / no comestible

kan nyaatamu / kan hin
nyaatamne

malo / amable

badd / gaarii

entusiasmado / aburrido

gammachuu / ifannaa

gordo / delgado

furdaa / qal'aa

primero / último

calqaba / dhuma

el amigo / el enemigo

michuu / diina

lleno / vacío

guutuu / duwwaa

duro / blando

sakoruu / lalllaafaa

pesado / ligero

ulfaataa / salphaa

el hambre / la sed

beeluu / dheebuu

enfermo / sano

dhukkuba / fayyaa

ilegal / legal

seer malee / seera
qabeessa

inteligente / tonto

gaanfuree / dabeessa

izquierda / derecha

bitaa / mirga

cerca / lejos

maddii / fagoo

nuevo / usado

haara'a / moofaa

nada / algo

homma / waan tokko

viejo / joven

jaarsa / dargaggeessa

encendido / apagado

ibsuu / dhaamsuu

abierto / cerrado

banuu / cufuu

silencioso / ruidoso

callisuu / sagalee olkaasuu

rico / pobre

sooressa / hiyyeessa

correcto / incorrecto

sirrii / dogongora

áspero / suave

sokorruu / lallaafaa

triste / contento

aara / gammachuu

corto / largo

dheeraa / gabaabaa

lento / rápido

qususaa / collee

húmedo / seco

jiidhaa / goggogaa

cálido / frío

oo'aa / qorraa

guerra / paz

lola / nagaa

0

cero

duwwaa

1

uno

tokko

2

dos

lama

3

tres

sadis

4

cuatro

afur

5

cinco

shan

6

seis

jaha

7

siete

torba

8

ocho

saddeet

9

nueve

sagal

10

diez

kudhan

11

once

kudha tokko

12
doce

kudha lama

13
trece

kudha sadi

14
catorce

kudha afur

15
quince

kudha shan

16
dieciséis

kudha jaha

17
diecisiete

kudha torba

18
dieciocho

kudha saddeet

19
diecinueve

kudha sagal

20
veinte

diigdama

100
cien

dhibba

1.000
mil

kuma

1.000.000
el millón

maliyoona

el inglés

Ingiliffa

el inglés americano

Ingiliffa Ameerikaa

el chino madarín

Mandarinii chaayinaa

el hindi

Afaan Hindii

el español

Afaan Speen

el francés

Afaan Faransaay

el árabe

Afaan Arabaa

el ruso

Afaan Raashaa

el portugués

Afaan Poortugaal

el bengalí

Afaan Beengaal

el alemán

Afaan Jarman

el japonés

Afaan Jaappaan

yo

ana

tú

si

él / ella / ello

isa / ishii / isa / wantootaf

nosotros/as

nu'ii

vosotros/as

isin

ellos/as

isan

¿quién?

eenyuu?

¿qué?

maal?

¿cómo?

akkamitti

¿dónde?

eessa?

¿cuándo?

hoom?

el nombre

maqaa

detrás

duuba

en

keessa

delante de

fuldura

por encima de

irra

sobre

gubbaa

debajo de

jala

junto a

maddii

entre

gidduu

el lugar

bakkee